AF602673

L'ECOLE AMOUREUSE,

Comedie en un Acte en Vers.

REPRESENTE'E POUR LA PREMIERE FOIS
Par les Comédiens ordinaires du Roy,
le 11 Septembre 1747.

Le prix est de 24 sols.

A PARIS;
Chez PRAULT Fils, Quay de Conti, à la descente
du Pont-Neuf, à la Charité.

M. DCC. XLVIII.
AVEC PERMISSION.

ACTEURS.

JULIE,	*Mlle Gaussin.*
DORINE,	*Mme Granval.*
CLOE',	*Mlle Dangeville.*
FLORISE,	*Mlle Gautier.*
CLEON,	*Mr Granval.*

La Scène est dans une Maison de Campagne de Julie.

L'ECOLE AMOUREUSE, *COMEDIE.*

SCENE PREMIERE.

DORINE, CLEON.

DORINE.

N vérité c'est être fou, mon frere.

CLEON.

Je ne suis plus à moi, je veux me satisfaire,
Et lui peindre du moins l'excès de mon tourment.

DORINE.

Je sçais qu'un cœur sensible a pû rendre les armes
A cet objet jeune & charmant,
Mais je sçais que ce cœur, s'il aime constamment,
Se prépare bien des allarmes,
Et Menalque, & Cliton, & Cleante & Damis,
A ses pieds ont versé des larmes,
Ils ont été tour à tour éconduits,
Et cependant avoient tout ce qu'il faut pour plaire,
La plus tendre amitié nous joignoit toutes deux,
J'apprenois avec elle à faire la sévere,
Florise demanda d'être admise à nos jeux,
Et quelque tems après Chloé voulut en être;
Un beau jour nous étions chez elle à badiner,
Quand elle nous apprit qu'elle alloit disparoître:
C'est trop, dit-elle, me gêner,
Une foule d'Amans conspire ma défaite,
Je veux passer des jours heureux,
Je suis libre, & je puis faire ce que je veux,
Le parti le meilleur est, je crois, la retraite,
Je vais à ma Campagne éviter le danger,
M'y venir voir, ce sera m'obliger,
Si vos parens veulent vous le permettre;
Mais gardez-vous toujours de vous soumettre
Au tyran que nous dédaignons.
Elle partit, malgré tous nos sermons,
Et chacune de nous obtint de sa famille
De venir quelquefois dans ces lieux la trouver;
On a tant de respect pour cette aimable fille,
Que de cette douceur on n'osa nous priver.
Nous suivons les conseils que dicte sa prudence.

Elle est la même encore, & la sera toujours.
On invente des jeux enfans de l'innocence ;
On sourit ; on babille ; on danse ;
C'est ainsi qu'on passe les jours
Sans soins, sans desirs, sans amours ;
Encore ce matin, sur l'amoureuse yvresse,
Ton Amante s'ouvroit à moi,
Evitons, disoit-elle, une indigne foiblesse,
Et de l'amour osons braver la loi.
Je te jure....

CLEON.

Ah, ma sœur, ce serment est un crime.
A mon ame attendrie, épargnez-en l'horreur,
En vain contre l'amour elle ose armer son cœur,
Il faut qu'un jour elle soit sa victime.

DORINE.

Tu te flattes, mon frere ; au simple mot d'amant ;
Julie interdite, s'offense.

CLEON.

Pour m'ôter tout espoir, dis-moi qu'elle l'entend
Avec sang-froid, avec indifference.
Ah ! si son cœur s'émeut facilement,
Il peut enfin, sans qu'il y pense,
De la haine, passer au tendre sentiment.

DORINE.

Je le voudrois, mon frere assurément ;
Mais cette haîne est réflechie,
Des foiblesses du sexe, elle s'est affranchie,

Elle s'est fait, je ne sçais pas comment,
Un genre de philosophie,
Dont le fatal éloignement,
Pour l'amoureuse frénésie,
Est la baze & le fondement.
Dans ce doux & champêtre azile,
Elle trouve tous ses plaisirs,
Maîtresse d'elle-même & sans aucuns desirs,
Quand nous venons la voir, elle est toujours tranquile;
Tu sçais déja nos passe-tems;
De plus chacune se signale
A tenir les propos les plus édifians,
On fronde les plaisirs bruyans,
Dont l'humanité se régale;
Tout devient matiere à scandale;
Contre l'amour, sur-tout les traits sont plus piquans,
C'est le fort de notre morale,
On se delasse après par des jeux innocens,
De naïve & simple Bergere;
Mais notre loi la plus sévere,
C'est de ne voir aucun homme ceans;
Oh! sur ce point Julie est inflexible.

CLEON.

Ne pourrais-je du moins la voir par ton secours,
Ma sœur, ma chere sœur, ah! s'il t'étoit possible,
Songes que c'est me conserver mes jours.
Si par exemple... oui... l'idée est charmante,
Comme un amie.

DORINE.

Avec ce joli minois-là

CLEON.

Je n'imagine que cela.

DORINE.

Renonce donc à l'espoir qui t'enchante,
Mais comment se fait-il, qu'absent depuis long-tems,
L'amour t'attende en ce village ?
N'as-tu point vu d'objet dans un si long voyage,
Qui te fît éprouver de tendres sentimens ?

CLEON.

Je te le dis, ma sœur, avec franchise,
Le croiras-tu ? spectateur enchanté
Des biens dont l'amour favorise
Un cœur tendrement agité ?
A peu de chose près j'avois ma liberté.
Sans doute il est un tems marqué par l'amour même,
Pour rencontrer ce que l'on doit aimer,
De mille objets je me laissois charmer,
Mais ils me frappoient tous de même,
Mon cœur desiroit tout & ne pouvoit choisir,
Il ne se sentoit pas ce goût de préference,
Ce sentiment flateur, cet amoureux desir,
Dont l'agréable violence,
Près d'un objet, vient vous saisir,
J'arrive hier, je te demande,
Et l'on m'apprend ton séjour en ces lieux,
On parle de Julie, & chacun apprehende
Que je ne cede au pouvoir de ses yeux,
On me fait le récit de sa rigueur extrême,
Un secret mouvement se glisse dans mon cœur,

Ce matin agité de même,
Je me fais de Julie un portrait enchanteur,
Plus je tarde à la voir, plus mon ame est émûe,
Je viens donc, & sous ce bosquet,
Ce qui frappe mon cœur aussi-tôt que ma vue,
C'est Julie occupée à se faire un bouquet.
Alors.

DORINE.

J'entens du bruit, quelqu'un ici s'avance,
Julie assez souvent se plaît sous ce bosquet,
Si c'est elle, je vais lui dire en confidence,
Tout le mal que ses yeux t'ont fait,
Va te cacher derriere ce feuillage,
Je t'y rejoins, mais que Cleon soit sage,
Il pourroit gâter mon ouvrage,
En se montrant en indiscret.

Cleon sort.

SCENE II.

DORINE, CHLOE', FLORISE, *en habits d'hommes.*

DORINE.

COmment c'est Chloé, c'est Florise
En habit de jeunes galans!
On ne peut être plus surprise
Que je le suis de ces déguisemens.

CHLOÉ.

En vérité, chere Dorine,
Tous ces petits jeux innocens,
Ausquels nous passons notre tems,
Nous rendent l'humeur trop chagrine,
Il faut en tout de la varieté,
Et le plaisir cesse d'être goûté,
Quand mal à propos on s'obstine
A la fade uniformité.

FLORISE.

Moi je rougis d'aller en naïve Bergere
Cueillir des fleurs, jouer sur la fougere
Dans un buisson, découvrir quelques nids,
Examiner & baiser les petits.

CHLOÉ.

Ce dernier plaisir-là me plaît plus que les autres,
Je ne sçais si mon cœur est fait comme les vôtres,
Mais j'ai goûté cent fois une douceur,
Une certaine yvresse, un charme interieur,
Une tendresse inexprimable,
A voir, à baiser ces petits,
Qu'innocemment nous avions pris;
Oh! de tous nos plaisirs, c'est-là le plus aimable.

DORINE.

Je suis assez de ton avis.

CHLOÉ.

Ce n'est pourtant encor qu'un plaisir en peinture.

DORINE.

De tout cela, que voulez-vous conclure?
Expliquez-moi votre dessein.

FLORISE.

C'est une espece de gageure.

CHLOÉ.

Une amoureuse lice, un combat incertain.

DORINE.

Je n'y comprends rien, je vous jure.

FLORISE.

On a dû t'apporter de la ville un habit,
Vas le voir, j'ai du moins commandé qu'on le fît;
Il faut, ainsi que nous, que tu te travestisses.

DORINE.

Mais il faut que tu m'éclaircisses.....

CHLOÉ.

Nous voulons, ma chere, en ce jour
Que celle de nous trois qui fera mieux l'amour:
Pour prix, reçoive une guirlande,
C'est à Julie à juger entre nous.

DORINE.

Je vous entens, mais j'apprehende
Que Julie en courroux,
A qui ces jeux sembleront fous,

es juger, ne se deffende :
mptez point, quant à moi,
fois de la partie,
M... tant il me vient une amie,
Et pare... is, donnons-lui mon emploi,
Vo... rez, elle est jeune & jolie,
ue vous, je la travestirai.

CHLOÉ.

Tout ... e plaira.

DORINE.

Bon, je vous aiderai
ner l'aimable Julie.
Je ... sçavez, sa plus intime amie,
ir elle quelque pouvoir,
ur moi, je le ferai valoir.

FLORISE.

ir ton amie au plutôt.

CHLOÉ.

rine.

DORINE.

On fera ce qu'il faut.

SCENE III.

DORINE.

Que je vais enchanter mon frere !
Lorſqu'il ſçaura ce que j'ai fait pour lui,
Il lui peindra ſes feux peut-être ſans déplaire,
Que mon eſprit l'a bien ſervi,
Faſſe l'amour qu'on le préfere,
Et qu'il ſoit heureux aujourd'hui,
Pour ſa tranquilité, pour la mienne peut-être,
Que faiſons-nous dans ce réduit champêtre ?
Je crois que nous extravaguons,
Julie a ſur nous un empire
Fondé, ſur quoi ? j'en vois peu les raiſons,
Et cependant à ſes leçons,
Tous les jours je me ſacrifie,
Ma vanité s'oppoſe aux plaiſirs de mon cœur,
Pour ſentir quelque amour, je voudrois que Julie,
Avant moi, ſentît la douceur
D'une amoureuſe ſympathie.
Mais je la vois.

SCENE IV.

DORINE, JULIE.

DORINE.

HE bien, ma bonne & tendre amie,
Quel ſoin t'occupe en cet inſtant?
Apprens-moi le ſujet de cette rêverie.

JULIE.

Je ne ſçais, mais mon cœur dans un état flottant,
Cherche, ſans le trouver, l'embarras qui l'agite,
Je rêve, malgré moi, ſans ſujet & ſans ſuite.

DORINE.

Un cœur indifferent a ſes momens d'ennui,
C'eſt aux plaiſirs à chaſſer la triſteſſe,
Heureuſement, ma chere, qu'aujourd'hui
Tu pouras en gouter d'une nouvelle eſpece,
Et qui rameneront la gaïeté dans ces lieux:
C'eſt la plus galante entrepriſe;
Chloé bientôt avec Floriſe,
En habits de galans, vont paroître à tes yeux,
Elles ſont laſſes de nos jeux,
Je n'oſe condamner leur petite inconſtance,
Ils ſont ſi languiſſans.

JULIE.

Tu veux dire ennuyeux,

Nous leur devons pourtant toute notre innocence,
Mais à quoi bon ce traveſtiſſement ?

DORINE.

À te faire l'amour.

JULIE.

Que dis-tu là, comment ?
A me faire l'amour.

DORINE.

Oui, c'eſt-là leur idée,
Chacune au fond du cœur eſt très-perſuadée,
Qu'à bien parler d'amour, elle réuſſira.

JULIE.

C'eſt une extravagance.

DORINE.

Au fond peu dangereuſe,
Qu'eſt-ce qu'il en arrivera ?

JULIE.

Oh! l'entrepriſe eſt hazardeuſe,
Au danger on s'expoſera
Pendant un tems, d'amour on parlera,
Puis on finira par en prendre.

DORINE.

Vois donc que de ce jeu tu ne peux te deffendre,
Le déguiſement n'y fait rien,
Elles ont inventé cet innocent moyen,

Pour varier leur exercice,
Une guirlande eſt le prix du Vainqueur,
Tu feras juge de la lice,
Et voilà tout, je ne vois pas qu'on puiſſe
Craindre de-là quelque malheur.

JULIE.

D'accord.

DORINE.

Je me ſuis engagée
A te faire approuver leurs défis amoureux,
Je te ſerois fort obligée,
Si tu voulois te prêter à leurs jeux,
Au nom de l'amitié qui nous joint toutes deux.

JULIE.

En ta faveur je veux bien me ſoumettre
A prononcer ſur leurs petits débats,
Mais il faut auſſi me promettre,
Que des jeux auſſi fous, ne continueront pas,
Et ſeras-tu de la partie?

DORINE.

Non, j'ai remis mon rôle, & j'en charge une amie;
Qui pour me voir, arrive de fort loin.

JULIE.

Je vais la recevoir.

DORINE.

Il n'en eſt pas beſoin,
Dans mon appartement elle fait ſa toilette,

Et travaille sans doute à son déguisement,
Tu la verras dans son habillement
Elle y doit être bien, elle est grande & bien faite,
Et des yeux pleins de sentiment;
Mais voici nos Amans.

SCENE V.

JULIE, DORINE, FLORISE, CHLOE' *tenant une guirlande.*

JULIE.

EN fort bel équipage.

CHLOÉ.

Il est charmant, s'il est de votre goût.

DORINE.

Voilà du plus tendre langage.

JULIE.

Et du plus précieux, sur-tout.

DORINE.

Je vais avertir ma parente,
Que l'on n'attend plus qu'elle ici.

CHLOÉ.

Ne tarde pas, je suis impatiente
De commencer.

FLORISE.

FLORISE.

Moi je la suis aussi.

DORINE.

Un moment en fera l'affaire.

SCENE VI.

JULIE, CHLOE', FLORISE.

JULIE.

Je rougis à présent de ma facilité,
Je vais donc, pour vous satisfaire;
Essuyer tout au long le jargon frelaté
D'un amoureux imaginaire.

FLORISE.

Mais c'est par-là que ce jeu doit vous plaire,
Vous n'en craignez que la réalité.

JULIE.

C'est toujours le même langage,
Le même ennui, par conséquent.

CHLOÉ.

Je suis d'un avis different,
Et c'est à notre esprit faire un peu d'outrage,
Je prétends vous interesser,
Et je jouerai si bien mon rôle,
Qu'il pourra vous embarrasser.

JULIE.

Allez, vous êtes une fole.

CHLOÉ.

Bientôt vous en jugerez mieux.

JULIE.

Je me réserve au moins dans tout ce badinage
Le droit de contrôler vos propos amoureux,
Il faut que je me dédommage
De ce qu'ils auront d'ennuyeux.

FLORISE.

Dorine enfin amene sa parente.

SCENE VII.

DORINE, CLEON, ET LES PRECEDENS.

CLEON.

QUe d'attraits! je suis interdit.

FLORISE.

En vérité ton amie est charmante,
Aucun Amant n'est mieux sous cet habit.

DORINE.

Elle est un peu timide.

JULIE.

Elle a grand tort de l'être.

DORINE.

Allons, ma chere amie, un peu de fermeté,
Songez que vous devez paroître
Amoureux de cette beauté,
Voyez vos aimables Rivales,
Sur leur front est peint l'enjouement,
Le même espoir les rend égales,
Imitez-les, ayez l'air d'un Amant.

JULIE.

N'allez pas cependant outrer la ressemblance.

CLEON.

On ne sçauroit être Amant à demi.

CHLOÉ.

Bon Dieu! quel ton, c'est un Amant transi.

FLORISE.

Qu'attendons-nous, pour que le jeu commence,
Allons, Chloé, ne perdons point de tems.

CHLOÉ.

Il faut ceder le pas à l'Etrangere.

CLEON.

Non, s'il vous plaît, vos exemples charmans
M'apprendront ce que je dois faire.

FLORISE.

Hé bien, soit, je vais commencer,
Il faut, Julie, entre nous prononcer,
Sur-tout soyez Juge équitable,
Et couronnez l'Amant le plus aimable.

JULIE.

Ce sera tout au plus le moins desagréable,
Quoi qu'il en soit, finissons, s'il vous plaît,
A ce sujet-ci je me préte à regret.

FLORISE.

Je ne suis point un Amant ordinaire,
Je ne viens point à votre cœur
Parler le langage vulgaire
D'un ennuyeux adorateur;
Je vous aime, Julie, & d'une noble ardeur
Qui doit vous flater davantage,
Que le frivole & commun étalage
De ces propos usés qu'inspire la fadeur:
Les graces sont votre partage,
Le mien est de les célebrer,
Et mon amour est un hommage;
Que les tems sçauront consacrer,
Je puis dans mon ardeur sincere,
En célebrant votre beauté,
Lui donner l'immortalité:
Voilà les droits que j'ai pour plaire,
Tout servira de matiere à mes Vers,
Si vous continuez à faire la sévere,
L'élegie aussi-tôt de ces tristes concerts
Fait retentir la plaintive harmonie,
Je me plains, je gémis, êtes-vous attendrie?
L'espoir éleve mon génie,
Une plus vive mélodie
Se fait entendre dans les airs,
Un Madrigal heureux, une Chanson jolie,

Célebrent mon triomphe & vos attraits divers;
Ainſi mon nom & mes feux pour Julie,
Vont ſe répandre au bout de l'univers.

JULIE.

Un Amant (s'il en eſt) cherche moins à paroître,
Le cœur de ſon Amante eſt l'univers pour lui,
Et l'amour propre eſt facile à connoître
Dans cette ardeur que vous vantez ici,
On ſçait le motif d'un tel zéle,
Tout Galant qui chante une belle,
Fait moins pour elle que pour lui.

FLORISE.

Il eſt vrai qu'avec vous j'aurai part à la gloire,
Mais ce ſera l'ouvrage de l'amour.

JULIE.

Qu'elle en ſoit donc le prix.

FLORISE.

Quoi, j'aime ſans retour,
En vérité je n'oſerois le croire,
C'eſt un tréſor qu'un Amant bel eſprit,
L'amour n'eſt pas inépuiſable,
Et ſouvent lorſqu'on s'eſt bien dit
Que l'on s'aime, & qu'on eſt aimable,
La converſation tarit,
L'eſprit ſoutient alors la douce intelligence
Si néceſſaire à deux Amans,
Eh! peut-on craindre l'inconſtance,
Le dégoût ou l'indifférence
Où ſont l'amour & les talens;

Cedez donc, aimable Julie,
Et bannissez la cruauté,
Sil est quelque bien dans la vie;
Ah! c'est la sensibilité.

JULIE.

La morale est un peu legere,
Et vous me permettrez d'être d'un autre avis,
En un mot je reste sévere,
Malgré Phebus & tous ses favoris.

DORINE.

C'est un évenement qui leur est ordinaire.
Chloé m'a l'air victorieux,
Je gage qu'elle espere un succès plus heureux.

CHLOÉ.

Du moins ai-je fait choix d'un plus beau caractere.

FLORISE.

A cet air conquerant je ne me fierois guere.

CHLOÉ.

Oh, je le crois, mais je parle à mon tour.
J'avois juré, belle Julie,
De ne plus écouter l'amour,
Mon cœur épris de la coquetterie,
Vouloit aimer & changer chaque jour;
J'aurois fort bien passé ma vie
A ce métier galant & séducteur,
Point du tout, je vous vois & mon parjure cœur,
De vous aimer, fait la folie;

Oui, je ſens qu'il ſoupire, & qu'il fait même plus,
Voulez-vous qu'il s'épanche en diſcours ſuperflus ?
Il faut être enfin raiſonnable,
Songez que le mal qui l'accable,
Eſt un poiſon qu'il a pris dans vos yeux,
Et qu'il faut ou le rendre heureux,
Ou lui paroître moins aimable.

JULIE.

Votre cœur eſt le maître, & je n'empêche pas
Qu'il ne me trouve haïſſable.

CHLOÉ.

Oh ! la défaite eſt pitoyable,
Peut-il vous ôter vos appas ?

JULIE.

J'ai juré d'être inacceſſible
Aux vœux frivoles des Amans.

CHLOÉ.

On ne tient point de ſemblables ſermens,
Il n'en eſt de ſacrés, que ceux d'être ſenſible ;
Songez-vous que j'immole à vos charmans attraits
Mille douceurs, mille plaiſirs parfaits,
Je crois, ſans me vanter, qu'ici je puis le dire ;
Mais Danaé, Climene, & la jeune Themire
Auroient pour moi quelque bonté,
Si mettant à profit leur ingenuité,
Je feignois ſeulement de leur rendre les armes ;
Il eſt vrai qu'à mes yeux vous avez plus de charmes,
Mais ce n'eſt pas un droit qui fonde vos refus,
Allons plus de rigueur, ne me réſiſtez plus,

Donnez-moi cette main, que je la trouve belle!
Je vais la dévorer, encore la cruelle;
Hé, fi donc, une main eſt une bagatelle,
On ne refuſe pas ces petits cadeaux-là.

JULIE.

Allons donc, allons donc.

CHLOÉ.

Fort bien, nous y voilà,
Vous allez dire encor que je ſuis téméraire,
Que vous n'êtes pas faite à tant de liberté;
Peut-être auſſi que je ſuis déteſté,
C'eſt à peu près la légende ordinaire;
Mais je ſçais à quoi m'en tenir,
Voulez faire une gageure.

JULIE.

Et quelle, s'il vous plaît?

CHLOÉ.

Que votre cœur murmure
De la rigueur qu'il vient de me faire ſouffrir,
Quoi! vous baiſſez les yeux, vous faites la diſcrete,
Voici l'inſtant de la défaite;
Convenez que l'amour eſt le charme des cœurs,
Qu'il eſt le ſeul bien de la vie,
Et qu'à ce Dieu charmant il faut qu'on ſacrifie
Raiſon, eſprit, richeſſe, emplois, honneurs,
Je dirai plus, juſqu'à la vertu même,
J'entends cette vertu, dont l'âpre auſterité
D'un doux engagement fait la néceſſité;
On n'eſt ſage que quand on aime.

JULIE.

Vous peignez bien la vérité ;
Il ne vous reste plus qu'à prouver ce systême.

CHLOÉ.

Le prouver, est un autre point,
Ce n'est point du tout mon affaire,
D'ailleurs quand la chose est si claire,
On décide, on ne prouve point.

JULIE.

C'est montrer assez sa foiblesse,
Que d'user d'un pareil détour,
Je dois l'exemple en ce séjour,
Et je répete encore ce que je dis sans cesse,
Le premier soupir de l'amour
Est le dernier de la sagesse.

CHLOÉ.

C'est à moi de venger ce Dieu de la tendresse,
De votre mépris pour ses feux,
Avouez donc que je vous interesse,
Vous souriez... fort bien, vous détournez les yeux,
A merveille... je vois que vous êtes rendue,
Mes soupirs, mes feux, mon ardeur
Ont passé jusqu'à votre cœur,
Et mes raisons vous ont vaincue,
C'en est assez, & mon rôle est fini.

JULIE

Vous l'avez fait avec intelligence,
La plûpart des Amans en agissent ainsi,

D'un amour qu'on n'a point senti,
Exagerer la violence,
Presser, prier sur un ton prétieux,
En sa faveur expliquer le silence
Ou les dédains de l'objet de ses feux :
Voilà l'amour, voilà sa manœuvre ordinaire.

FLORISE.

C'est à vous à combattre, allons, belle étrangere,
Voyons si vous sçavez le langage d'amour.

CLEON.

Belle Julie, est-il vrai qu'en ce jour
Il m'est permis de dévoiler mon ame ?
Je puis donc vous montrer tout l'excès de ma flâme ;
Heureux aveu, s'il ne vous déplaît pas.

FLORISE.

Comment donc ? pas si mal.

CLEON.

A ce tendre embarras,
A ce trouble confus dont mon ame est atteinte,
Non... je ne puis parler... accablé par la crainte,
Mon esprit se refuse aux transports de mon cœur,
Je ne puis vous montrer combien je vous adore,
On exprime aisément une legere ardeur,
Il n'en est pas ainsi du feu qui me dévore.
En vain voudriez-vous, négligeant mes soupirs,
Prescrire à mon ame allarmée
Le barbare devoir d'étouffer ses desirs,
Vous n'obtiendrez jamais de n'être point aimée.
Dès le premier instant que je vous apperçus,
Mon cœur fut agité, tous mes sens éperdus

Me soumirent bien-tôt au pouvoir de vos charmes,
Avec transport je vous rendis les armes ;
C'est à vous maintenant à régler mon destin,
Vous pouvez d'un seul mot me faire un sort divin,
Ou me condamner à des larmes.

JULIE.

Dorine, ton amie, a l'air interessant,
Par ses yeux, par sa voix, elle pourroit séduire,
C'est le langage & le ton d'un Amant.

CHLOÉ.

Mais c'est aussi ce que j'admire,
On ne peut pas jouer plus vraisemblablement.

FLORISE.

Avec quel art elle soupire,
On diroit qu'en effet son cœur est oppressé.

CHLOÉ.

Le mien, je crois, seroit embarrassé,
S'il avoit à répondre à tout ce badinage.

JULIE.

Peut-on donner un meilleur témoignage
De la facilité qu'on trouve à nous duper ?
Qu'à nos genoux quelqu'un vienne ramper,
Qu'il parle de soupirs, de tendresse, d'hommage,
Le cœur commence à se préoccuper,
Qu'il ne se lasse point, qu'il en reparle encore,
Qu'il jure enfin, qu'il nous adore,
Il est bien sûr de nous tromper,
Sur moi-même je le confesse,

Le faux Amant faiſoit impreſſion,
Ne ſçauroit-on nous parler de tendreſſe ?
Sans nous cauſer d'émotion ?

CLEON. (*vivement.*)

Qu'entends-je? ô Ciel ! votre cœur s'intereſſe.

JULIE.

Voilà bien l'amoureuſe adreſſe,
Peut-elle feindre mieux ce qu'elle ne ſent pas ?

CLEON.

Ce que je ne ſens pas ; vous me faites injure ?
Quoi ! je pourrois inſulter vos appas
Par une lâche & cruelle impoſture ;
Le faux amour ſe diſtingue aiſément,
La vérité differe du parjure,
Reconnoiſſez le véritable Amant
A ſon reſpect pour la ſimple nature,
S'il oſe découvrir ſes feux,
C'eſt en tremblant, c'eſt en baiſſant les yeux,
Loin d'augmenter ſes maux, à peine il peut les peindre,
Il ſe tait, il ſoupire, il eſt reſpectueux ;
Belle Julie, eſt-ce ainſi qu'on ſçait feindre ?

JULIE.

Mais c'eſt du moins, ainſi que vous feignez
En ma faveur, vous-même témoignez,
Ne penſeroit-on pas que vous êtes ſincere,
Que vous ſentez de véritables feux ?
Il ſemble que l'amour ſe ſoit peint dans ſes yeux.

CLEON.

Ah ! dans mon cœur il s'eſt gravé bien mieux.

JULIE.

Si vous ne feigniez pas, que vous ſeriez à plaindre,
L'amour eſt le plus dangereux
De tous les maux qui ſont à craindre.

CLEON.

L'Amour ! quoi le ſeul bien que nous ait fait le ciel,
Cet eſprit répandu ſur toute la nature,
Cette douce union dont la force eſt ſi pure,
L'amour enfin peut-il vous ſembler tel ?
Il ſuit par-tout vos pas, il vous parle ſans ceſſe,
Il anime vos yeux, c'eſt pour eux qu'il nous bleſſe :
Ah ! de quel prix payez-vous ſes bienfaits ?
Dites-moi, ſans ce Dieu, que ſeroient vos attraits ?
Haïrez-vous celui par qui vous êtes belle,
Julie, à ſes decrets, ceſſe d'être rebelle,
Songez qu'ici tout eſt fait pour l'amour,
C'eſt le dieu de mon cœur & du vôtre, Julie,
En vain vous affectez d'être ſon ennemie,
Vous lui rendrez hommage quelque jour,
En n'aimant point, vous croyez être heureuſe,
Vous ne connoiſſez pas le plus parfait bonheur,
Un tendre ſentiment, une flâme amoureuſe,
Peuvent ſeuls remplir votre cœur.

CHLOÉ.

Auroit-elle raiſon ?

JULIE.

Je me trouve réveuſe,

Et me rends presque à son erreur.

CLEON.

Pour moi, loin d'imiter votre rigueur extrême,
Je date mon bonheur du moment où j'aimai,
La froideur, est votre systême,
Moi j'aime mieux le malheur même
D'aimer sans espoir d'être aimé.

JULIE.

Mais quel est donc le trouble qui m'agite ?
J'éprouve un état violent,
Jamais rien à mes yeux ne parut si touchant,
Mon ame est confuse, interdite.

Le langage d'amour vous est bien naturel,
J'ose à peine vous voir... vos yeux, je le parie,
Adouciroient le cœur le plus cruel.

CLEON.

Ils n'ont rien fait sur vous, Julie,
Vous qui les animiez, vous les avez bravé.

JULIE.

Ah ! ne reprenez point ce rôle, je vous prie;
Il est embarrassant, je l'ai trop éprouvé,
C'est assez loin pousser la raillerie:
O Ciel ! comment, que faites-vous ?
Pourquoi tomber à mes genoux ? *

* *Il se jette à ses genoux.*

Cessez de me troubler par de si fausses larmes,
Ce jeu pour un instant avoit pour moi des charmes,
Mais je vois qu'il est tems de le faire finir,
Le prix vous appartient, donne-moi la guirlande,
Dorine, ton amie, a droit de l'obtenir
Je ne crois pas qu'aucune la prétende.

FLORISE.

Je lui donne ma voix.

DORINE.

Qu'elle est la mienne aussi.

CHLOÉ.

Qu'elle ait de plus cette embrassade-ci.

JULIE.

Vous triomphez d'une voix unanime,
Et ce commun accord n'est que trop légitime :
Voilà le prix, vous l'avez merité,
Par-tout où vous irez, soyez sûre de plaire.
Je suis heureuse, en vérité,
Que votre amour ne soit qu'une chimere,
Oubliant toute ma rigueur,
Si vous étiez ce que vous semblez être,
A ce prix je joindrois mon cœur.

CLEON.

Hé bien, il est à moi, daignez me reconnoître;
Et cédez à ce doux penchant.
Je suis.

JULIE.

Achevez de m'instruire.

CLEON.

Je ſuis.

JULIE.

Hé bien.

CLEON.

Un témeraire Amant.
Il n'eſt plus tems de feindre, & l'amour qui m'inſpire,
Vient de me démaſquer ſans mon conſentement,
Le trouble de mon cœur a paſſé ſur ma bouche,
J'ai tout dit, vous fuyez, arrêtez un moment,
Mon état malheureux n'a-t'il rien qui vous touche?

CHLOÉ.

Je ne m'étonne pas qu'il ait gagné le prix,
Il ſçavoit ſon metier.

FLORISE.

Pour moi, ce qui m'étonne,
C'eſt que nos yeux s'y ſoient mépris,
Il n'auroit dû tromper perſonne.

JULIE.

Quel embarras! je ne ſçais où j'en ſuis;
Eſperez-vous de me rendre ſenſible,
Vous qui m'avez trompée, & dont le fol amour,
Pour paroître, a beſoin d'un ſi lâche détour,
Vous, contre qui je ſens un courroux invincible,
Mais, que dis-je, avec vous, Dorine eſt de motié,
Sans elle, m'auriez-vous connue?
La cruelle a trahi cette tendre amitié,

Dont

Dont pour elle toujours on me vit prévenue,
C'eſt elle que j'accuſe, & que je dois haïr,
Elle en qui j'avois mis ma confiance entiere.

DORINE.

Helas! vous allez l'en punir,
En mépriſant ſon trop malheureux frere.

JULIE.

Dorine, tu ſerois ſa ſœur?

CLEON.

Le frere a balancé les devoirs de l'amie,
Voilà ſon crime, & mon malheur.

JULIE.

Tout ce qu'il dit, le juſtifie.

CLEON.

Voulez-vous appeller de votre propre arrêt?
Ne ſuis-je pas ce que je ſemblois être?
Ne ſuis-pas votre amant en effet?
Pourriez-vous bien encor me méconnoître?

JULIE.

De ce que je diſois, prévoyois-je l'effet?

FLORISE.

Oh! le mot eſt lâché, tu ne peux t'en dédire,
Julie, il faut en croire un penchant qui t'attire,
Peux-tu réſiſter à ſa voix,
Tu ne pourras jamais faire un auſſi bon choix.

CHLOÉ.

Il faut qu'elle aime, elle a beau s'en défendre,
Je ſuis laſſe à la fin de ſa ſéverité,
Regardez donc cet air ſoumis & tendre,
Peut-on lui refuſer ce qu'il a mérité?

DORINE.

De tous mes torts, près de toi, je m'accuse,
Mais en faveur d'un frere, il faut me les passer.

JULIE.

Je fais plus encor, je t'excuse,
Et je veux même t'embrasser :
Oui, Dorine, à l'amour je rends enfin les armes,
Ton frere a mérité mon cœur,
Je sens que tôt ou tard un aimable vainqueur,
A ce bien, fait trouver des charmes.

CLEON.

O Julie ! ô ma sœur ! ô transport enchanteur !

JULIE.

Souvent un jeu va plus loin qu'on ne pense,
Moi-même j'ai perdu ma liberté, mon cœur,
D'une ruse innocente, ils sont la récompense :
O vous que mon exemple a séduites long-tems,
Pour votre cruauté, je fus votre modele :
Je vous ouvre aujourd'hui des chemins différens,
Que chacune de nous par de nouveaux sermens,
Jure à l'amour une union fidele,
Et ne craignons, dans nos transports charmans,
Que de ne pas brûler d'une flâme éternelle.

FIN.

J'ai lû par ordre de Monsieur le Lieutenant Général de Police, une Comedie qui a pour titre, *l'Ecole amoureuse*, & je crois que l'on peut en permettre l'impression, ce 27 Septembre 1747.
CREBILLON.

Vû l'Approbation du Sieur Crebillon, permis d'imprimer, à la charge d'enregistrement à la Chambre Syndicale, ce 12 Novembre 1747. BERRYER.

Registré sur le Livre de la Communauté des Libraires & Imprimeurs de Paris, N°. 3206 conformément aux Réglemens, & notamment à l'Arrêt du Conseil du 10 Juillet 1745. A Paris ce 17 Novembre 1747. G. CAVELIER, *Syndic.*

77

www.ingramcontent.com/pod-product-compliance
Ingram Content Group UK Ltd.
Pitfield, Milton Keynes, MK11 3LW, UK
UKHW022008260726
13994UKWH00004B/1982

9 782329 431338